My Bilingu[illegible]
Talking Dictic[illegible]y

Hungarian & English

Mantra Lingua

First published in 2005 by Mantra Lingua
Global House, 303 Ballards Lane, London N12 8NP
www.mantralingua.com

This TalkingPEN edition 2015

With thanks to the illustrators:
David Anstey, Dixie Bedford-Stockwell, Louise Daykin,
Alison Hopkins, Richard Johnson, Allan Jones,
Priscilla Lamont, Yokococo

A CIP record for this book is available from the British Library

Hear each page of this talking book narrated with the TalkingPEN!

1) To get started touch the arrow button below with the TalkingPEN.
2) To hear the word in English touch the 'E' button at the top of the pages.
3) To hear the word spoken in an English sentence touch the 'S' button at the top of the pages.
4) To hear the language of your choice touch the 'L' button on the top of the pages.
5) Touch the square button below to hear more information about using the Dictionary with the TalkingPEN.

Start

Information

Contents

Tartalomjegyzék

Myself

szem
sam
eye

haj
hai
hair

száj
sigh
mouth

fül
fuuhl
ear

fog
fog
tooth

kéz
kaze
hand

hüvelykujj
huuveyk-ooey
thumb

csukló
chook-loh
wrist

ujj
ooey
fingers

derék
deh-rache
waist

lábfej
lohb-phey
feet

lábujj
laahb-ooy
toe

boldog
bold-ogh
happy

szomorú
somoroo
sad

mérges
mairgesh
angry

féltékeny
failtaikany
jealous

izgatott
eezgatohtt
excited

A testem

arc
arz
face

fej
fey
head

orr
orr
nose

nyak
nyock
neck

kar
kar
arm

váll
vaahll
shoulders

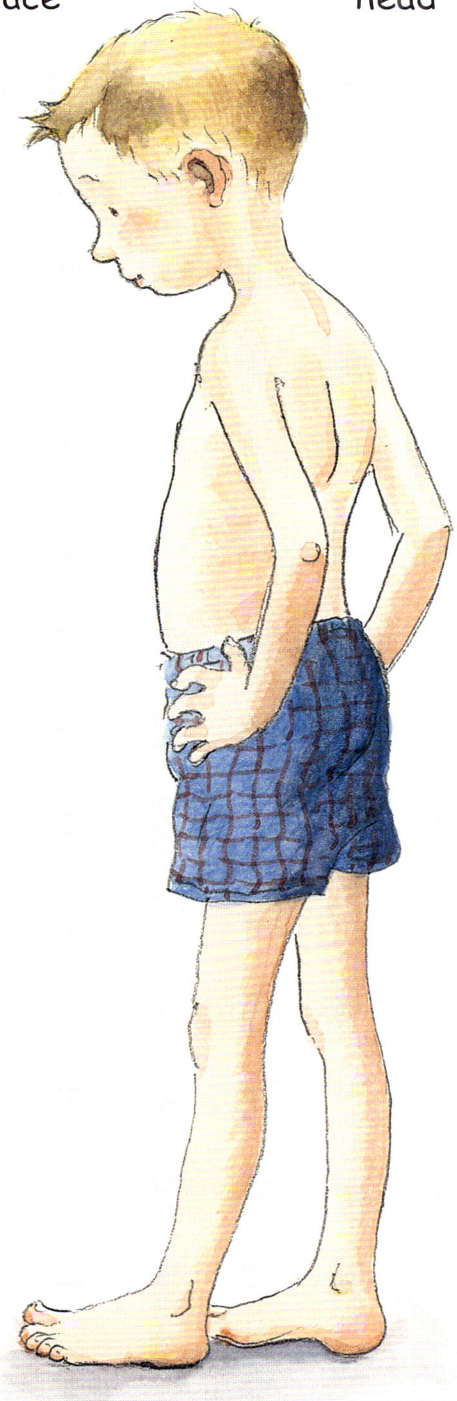

gyomor
gyo-mor
stomach

könyök
kur-nyurck
elbow

térd
tehrd
knee

hát
haat
back

boka
boh-kah
ankle

láb
laahb
leg

beteg
betegh
sick

éhes
aih-ash
hungry

ijedt
eeyett
scared

félénk
failaink
shy

fáradt
faarahtt
tired

Clothes

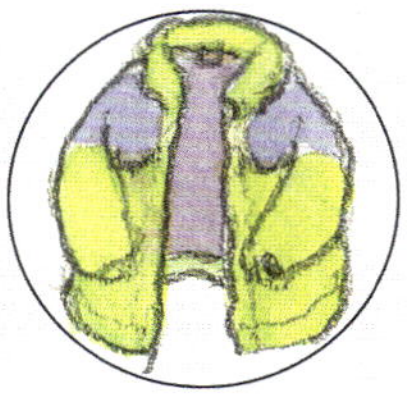

kabát
kaa-baht
coat

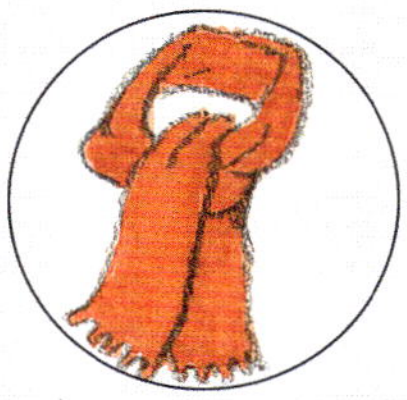

sál
shaal
scarf

poló
pau-loh
t-shirt

ruha
roohah
dress

szoknya
soak-nyah
skirt

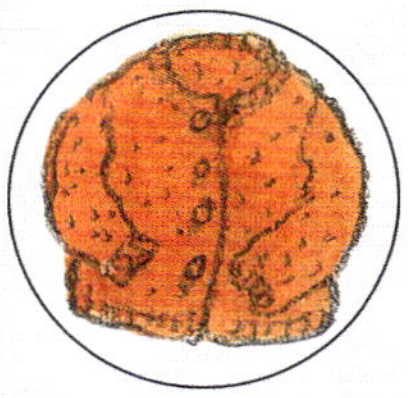

kardigán
kardigaan
cardigan

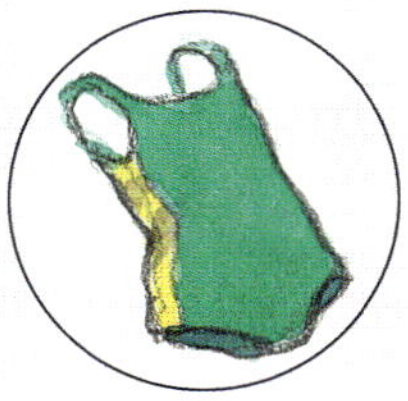

úszódressz
oosoh-dress
swimming costume

harisnya
haarish-nyah
tights

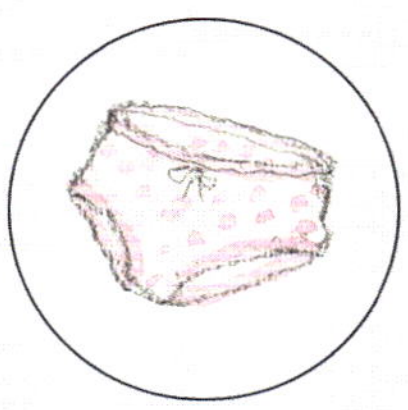

bugyi
boo-gyee
knickers

cipő
tzee-peu
shoes

Ruházat

kesztyű
kestyooh
gloves

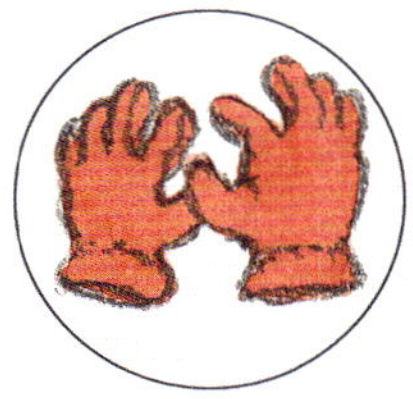

kalap
calap
hat

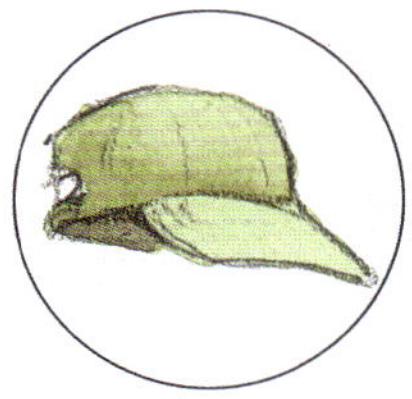

ing
eeng
shirt

pulóver
pullover
jumper

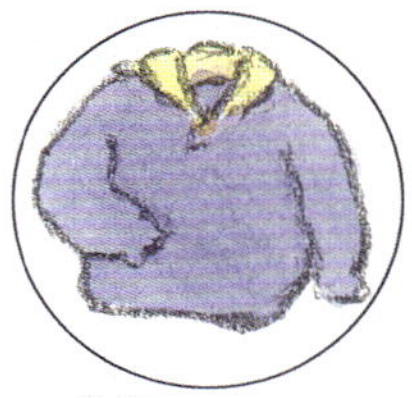

nadrág
naad-raahg
trousers

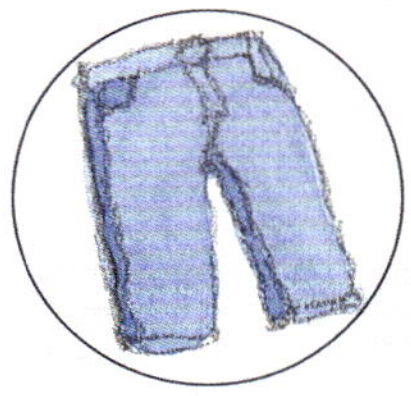

rövidnadrág
reuvidnadraag
shorts

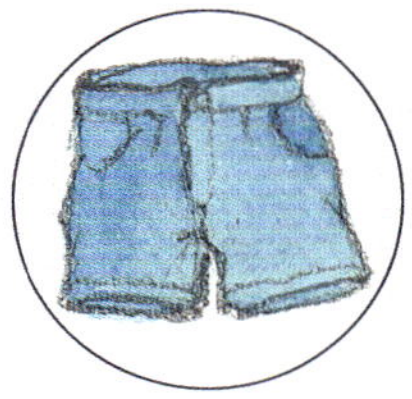

úszónadrág
cosoh-nadraag
swimming trunks

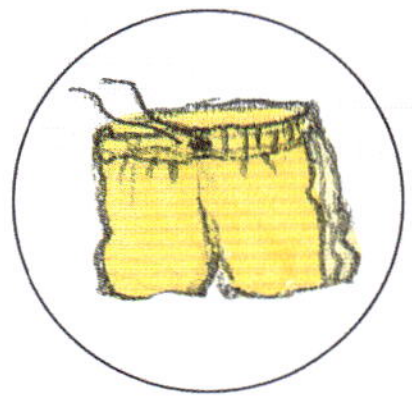

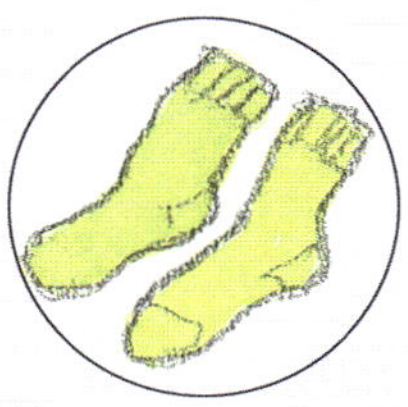

zokni
zohk-nee
socks

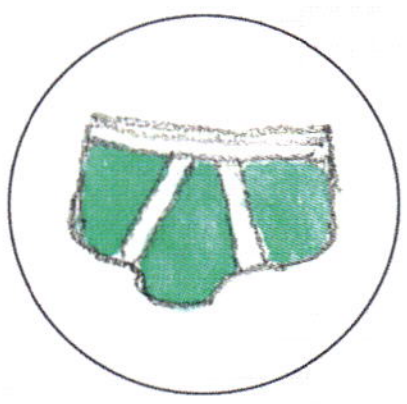

alsónadrág
alshooh-nadraag
underpants

tornacipő
tohrna-tzee-peu
trainers

Family

Család

nagymama
nahgymamah
grandmother

nagypapa
nahgypapah
grandfather

nagypapa
nahgypapah
grandfather

nagymama
nahgymamah
grandmother

nagynéni
nahgynainee
aunt

apa
apa
father

anya
ahnyah
mother

nagybácsi
nahgybaachee
uncle

fiú
fyooh
son

fivér
feevaire
brother

lány
laany
daughter

nővér
neuvaire
sister

baba
bahbah
baby

Home

Otthon

tető
theteu
roof

padlás
pahdlaash
attic

ablak
ahblahk
window

fürdőszoba
fuurdeu-sobah
bathroom

hálószoba
haaloh-sobah
bedroom

étkező
atekezheu
dining room

konyha
konyhah
kitchen

folyosó
foyosooh
hallway

fal
fahl
wall

nappali
nahppaly
lounge/living room

lépcső
leepcheuh
staircase

ajtó
aytooh
door

House and Contents

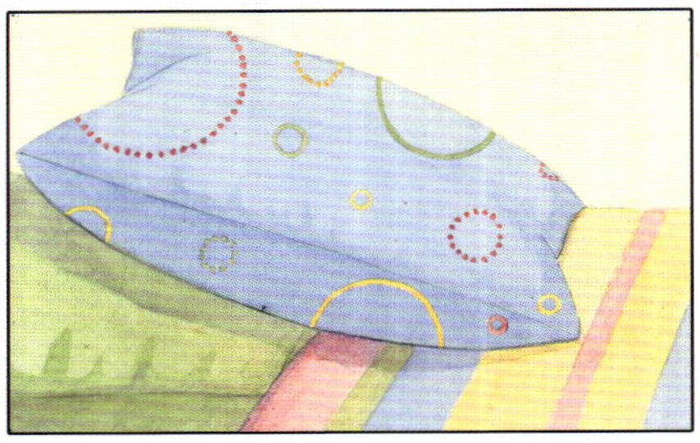

párna
paarnah
pillow

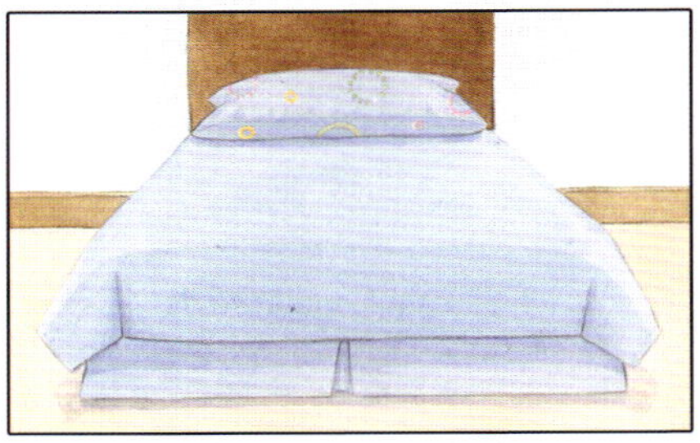

ágy
aagy
bed

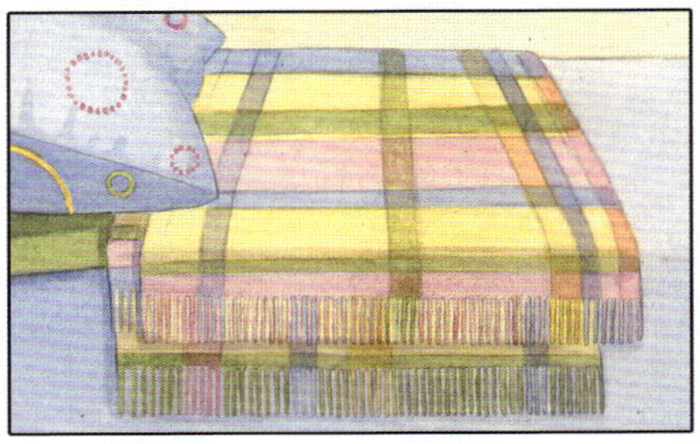

takaró
taakahrow
blanket

szemetes
sam-etesh
bin

ventillátor
vanteelahtor
fan

lámpa
laampah
lamp

telefon
telephone
telephone

mosógép
mausaugape
washing machine

kenyérpirító
kenyeer piri toh
toaster

vízforraló
veezfor-rahlaw
kettle

csap
chaap
tap

hűtőszekrény
huuteusakreign
fridge

tűzhely
tuuz-hey
cooker

mosogató
maushaugatow
sink

A ház és tartozékai

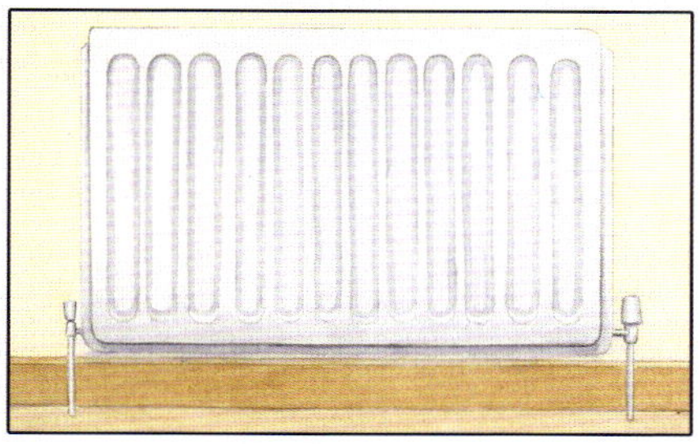

radiátor
rahdeeahtor
radiator

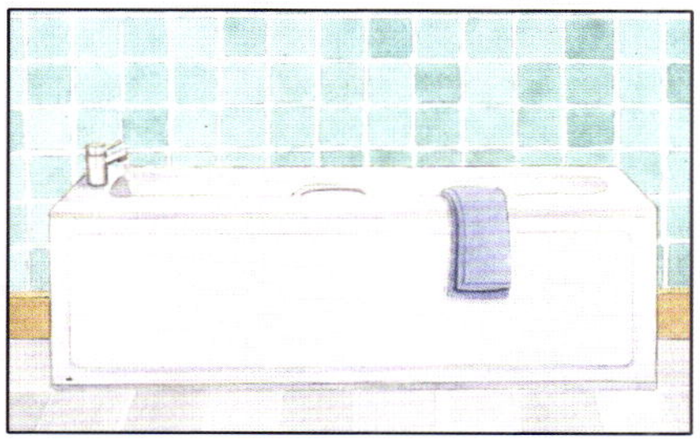

fürdőkád
fuurdeukaad
bath

törölköző
tureulkeuzeu
towel

tükör
tukeur
mirror

toalett
toalett
toilet

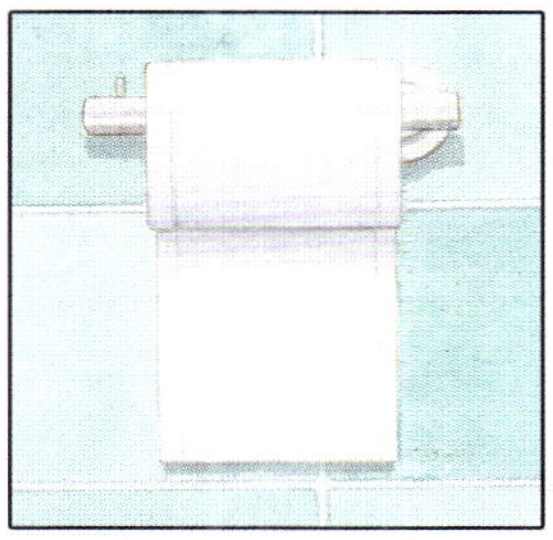

toalett papír
toalett popeer
toilet roll

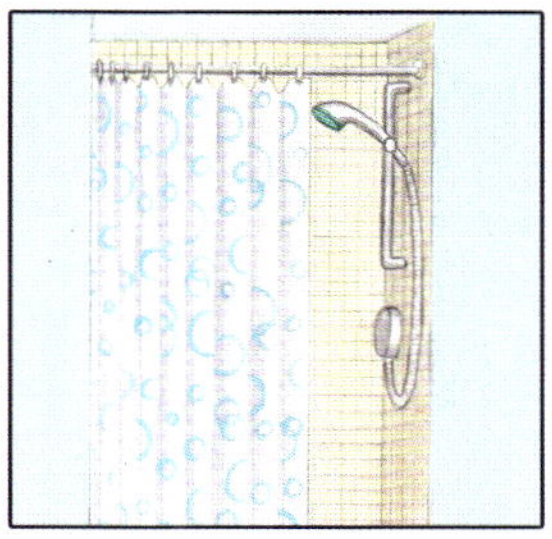

zuhanyzó
zoohanyzoh
shower

televízió
tele-veezeeoh
television

rádió
raadioh
radio

függöny
fuuggeuny
curtains

konyhaszekrény
kony-hasakreign
cupboard

szőnyeg
seunyehg
carpet

kanapé
kanapeeyh
sofa

asztal
ahstahl
table

Fruit

banán
banaan
banana

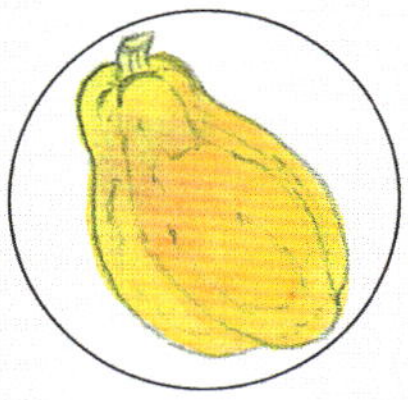

papaja
pahpaya
papaya

körte
keurteh
pear

sárgadinnye
saargahdeennyeh
melon

szilva
sylvah
plum

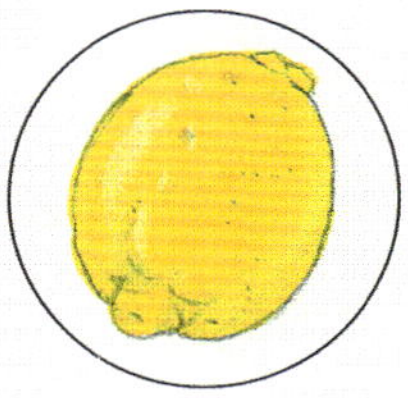

citrom
tzeetrom
lemon

cseresznye
cheresnyeh
cherries

eper
aipair
strawberries

Gyümölcs

szőlő
seauleau
grapes

ananász
ahnahnaas
pineapple

mangó
mahngoh
mango

narancs
nahrahnch
orange

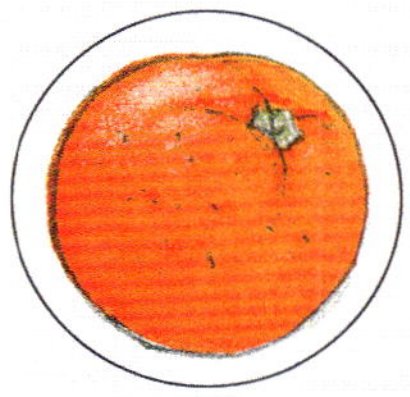

őszibarack
eusee-bahratzk
peach

alma
ahlmah
apple

licsi
lychee
lychees

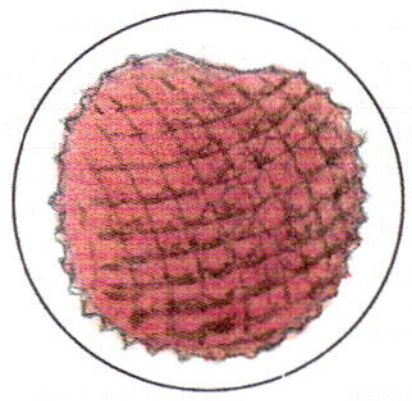

gránátalma
graanaatahlmah
pomegranate

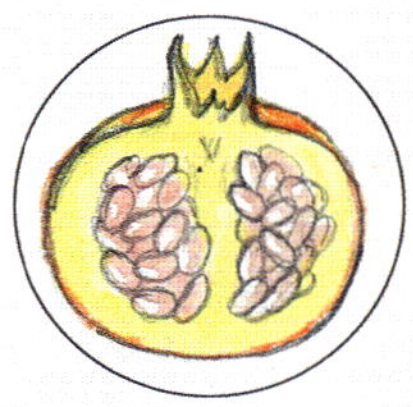

Vegetables

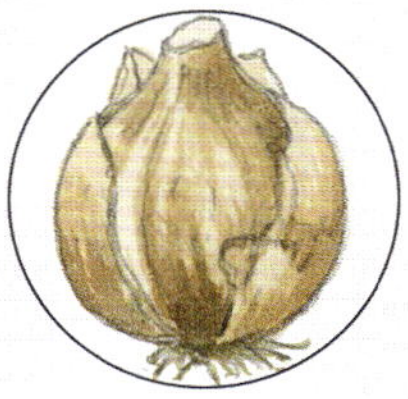

hagyma
hagymah
onion

karfiol
carfeeohl
cauliflower

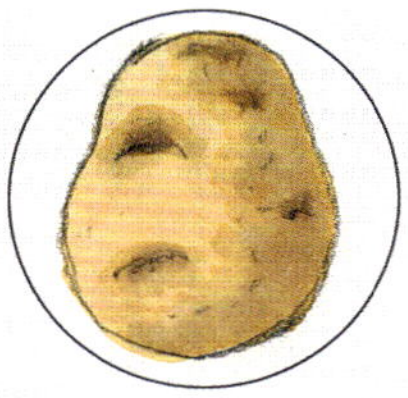

burgonya
boorgonyah
potato

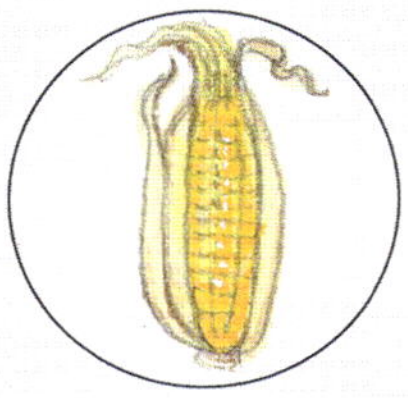

kukorica
coocoreetza
sweetcorn

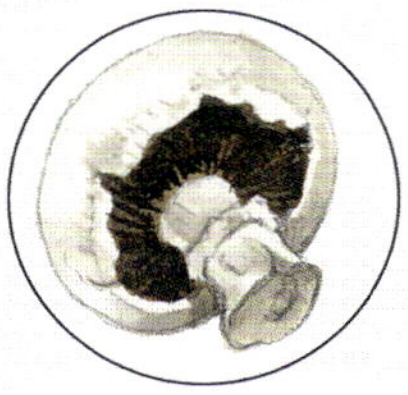

gomba
gombah
mushroom

paradicsom
pahrahdichohm
tomato

bab
bahb
beans

retek
ratack
radish

Zöldségek

fokhagyma
fokhagymah
garlic

sütőtök
shuuteuteuk
pumpkin/squash

uborka
ooborka
cucumber

brokkoli
brohkkohlee
broccoli

paprika
pahpreecah
pepper/capsicum

répa
raipah
carrot

fejes saláta
faiyaish sahlaatah
lettuce

borsó
bohrshow
peas

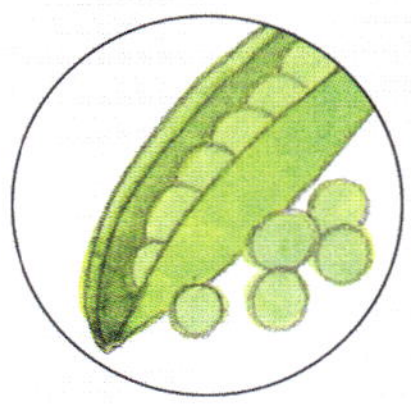

Food and Drink

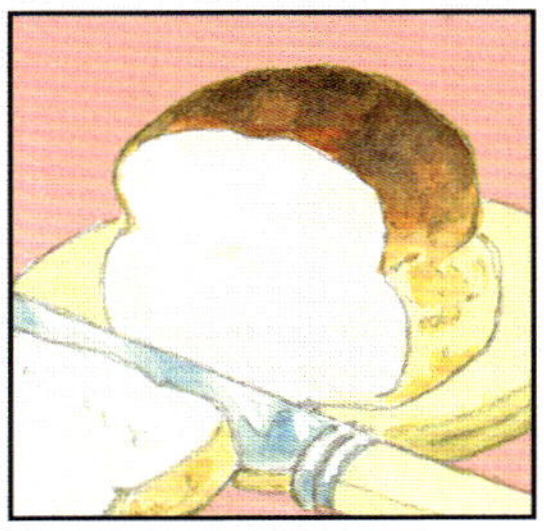

kenyér
kenyeer
bread

vaj
vaay
butter

lekvár
laicvaar
jam

szendvics
sandwich
sandwich

cukor
tzoo-core
sugar

méz
maze
honey

zabpehely
zahbpehey
cereal

tej
tey
milk

tészta
taistah
noodles

rizs
reedge
rice

spagetti
shpagetti
spaghetti

pizza
pizza
pizza

hús
hoosh
meat

hal
hahl
fish

tojás
toyaash
egg

sajt
shayt
cheese

Ételek és italok

csokoládé
chohcolaadeh
chocolate

édesség
aideshaig
sweets

sütemény
shuutamainy
cake

puding
pooding
pudding

joghurt
yog-hoort
yoghurt

fagylalt
fahgylahlt
ice cream

keksz
kaiks
biscuit

burgonyaszirom
boorgonyah-seerom
crisps

sültkrumpli
shuultkroompley
chips

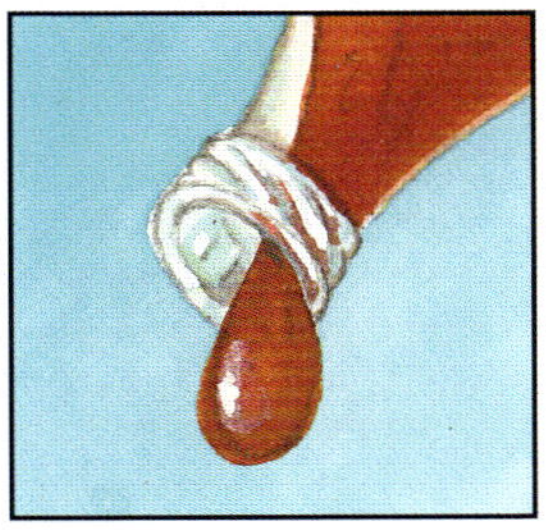

ketchup
ketchup
ketchup

mustár
moushtaar
mustard

leves
lavesh
soup

gyümölcslé
gyuumeulch-ley
fruit juice

ásványvíz
aashvaanyveez
mineral water

só
show
salt

bors
borsh
pepper

Meal Time

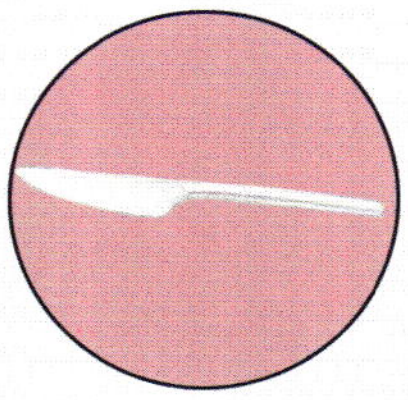

kés
kaish
knife

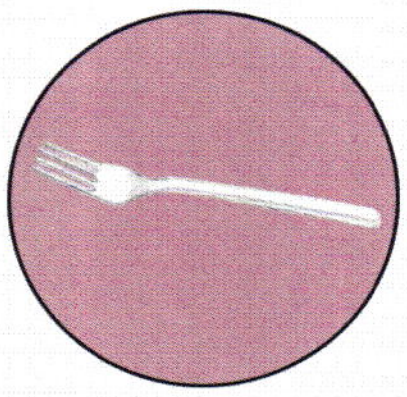

villa
veellah
fork

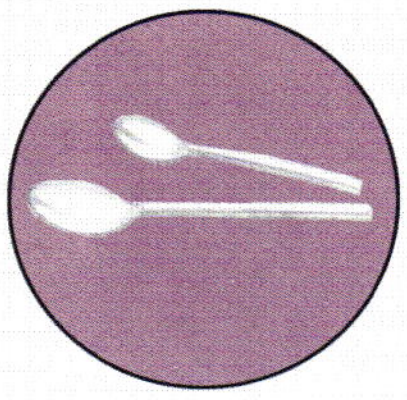

kanál
kahnaal
spoon

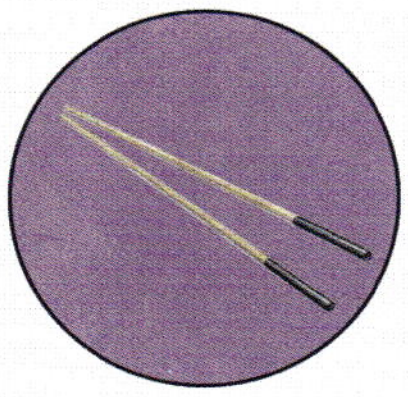

evőpálcika
eveu-pal-tzikah
chopsticks

bögre
beugreh
mug

csésze
chey-seh
cup

pohár
pohaar
glass

Étkezés

tányér
taanyehr
plate

tál
taal
bowl

lábos
laabosh
saucepan

wok
vok
wok

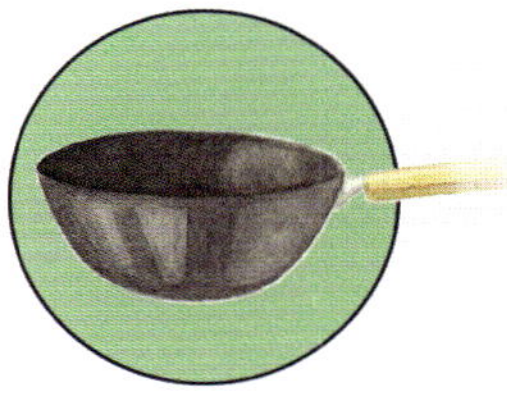

serpenyő
sherpenyeu
frying pan

termosz
tear-mos
flask

uzsonnadoboz
oojonna-doboz
lunchbox

Town

bevásárlóközpont
bevaasaarloh keuzpont
supermarket

parkoló
parkoloh
car park

sport központ
shport keuzpont
sports centre

könyvtár
keunyvtaar
library

rendőrség
randeur-shaigh
police station

vasútállomás
vanaht aallohmaash
train station

tűzoltóság
tuuzoltoh-shaagh
fire station

A város

kórház
kohr-haaz
hospital

park
pahrk
park

mozi
mozee
cinema

garázs
gahraaj
garage

buszmegálló
bcosmegaalloh
bus station

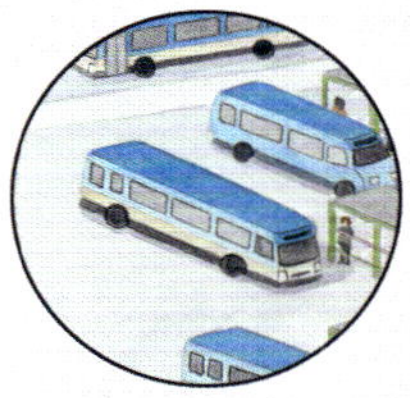

üzletek
uuzletec
shops/stores

iskola
eskolah
school

High Street

étterem
ate-terem
restaurant

virágüzlet
veeraag-uuzlet
florist

újságos
ooyshaagosh
newsagent

könyvtár
keunyvtaar
book shop

hentes
hentash
butcher

posta
poshtah
post office

halkereskedő
halkereshkedeu
fishmonger

Fő utca

zöldséges
zeuldsaigesh
greengrocer

gyógyszerész
johjsare-ace
chemist

pékség
paikshaigh
bakery

bank
bahnk
bank

játékbolt
jaataikbolt
toyshop

kávézó
caavaizoh
coffee shop

fodrász
fodraas
hairdressers

Road Safety

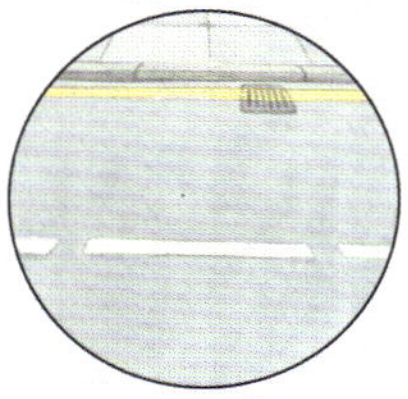

út
oot
road

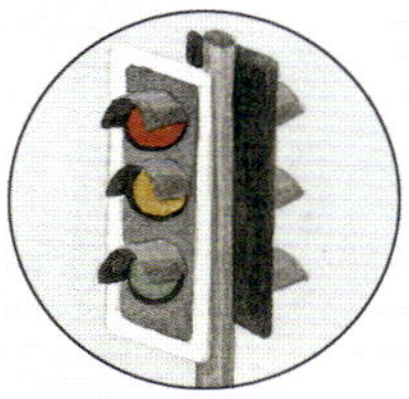

közlekedési lámpa
keuylackedaishey laampah
traffic light

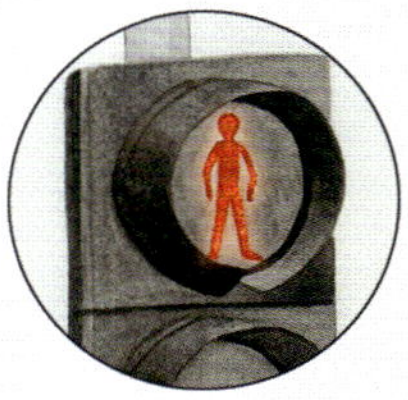

piros ember
pirosh embair
red man

zöld ember
zeuld embair
green man

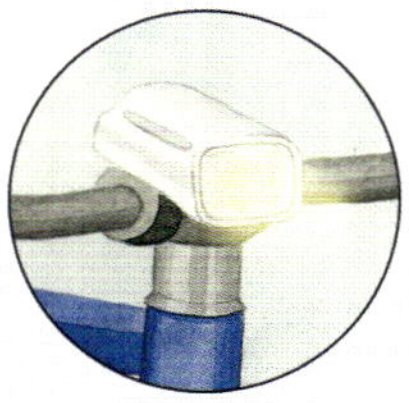

lámpa
laampah
light

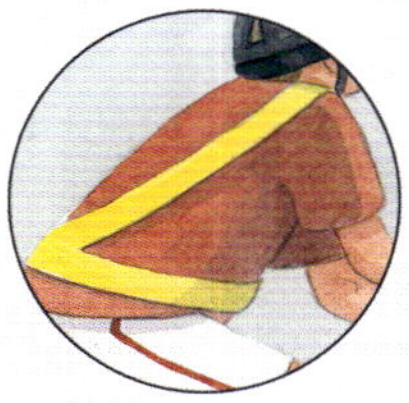

reflektor
ref-lek-tor
reflector

biciklisisak
beetzeeklee-shishak
cycle helmet

gyalogátkelőhely
jalogh aatkeleuhey
pedestrian crossing

Közlekedés biztonság

szabad
sahbad
go

állj
i
stop

figyelj
feedy-ely
look

hallgass
hahlghash
listen

gyermek átkelőhely
jermek aat-keleu-hey
children crossing

átkelőhely felügyelő
aat-kaleu-hey feluudy-aleu
school crossing
patrol officer

biztonsági öv
beeztaunshaagree euv
seat belt

járda
yaardah
pavement

Transport

repülőgép
rap-uuleugape
aeroplane

teherautó
taher-aootoh
lorry/truck

személyautó
sam-eyaootoh
car

távolsági busz
taavohlsaaghee boos
coach

csónak
chohnahk
boat

kerékpár
care-ache-paar
bicycle

vonat
vohnaht
train

Közlekedés

motorbicikli
mohtohr-beeceeklee
motorbike

helikopter
hel-eekohpter
helicopter

autóbusz
aootoh-boos
bus

villamos
veellahmosh
tram

lakókocsi
lahkoh-coachee
caravan

hajó
hahyoh
ship

riksa
reekshah
rickshaw

Farm Animals

madár
mahdaar
bird

ló
law
horse

kacsa
cahchah
duck

macska
mahchkah
cat

kecske
catch-keh
goat

nyúl
nyool
rabbit

róka
rawkah
fox

Háztáji állatok

tehén
tehane
cow

kutya
cootyah
dog

birka
beerkah
sheep

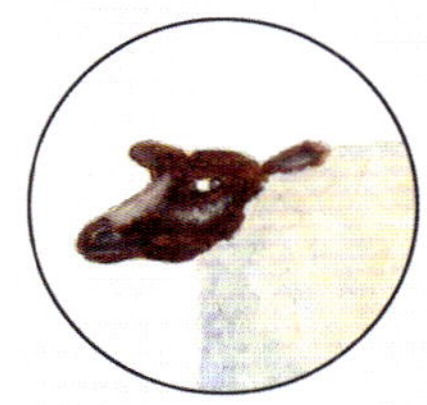

egér
ehgaire
mouse

tyúk
tyook
hen

szamár
sahmaar
donkey

liba
leebah
goose

Wild Animals

majom
mahyom
monkey

elefánt
elehfaant
elephant

kígyó
keedyoh
snake

zebra
zeb-rah
zebra

oroszlán
aurauslahn
lion

viziló
veezeeloh
hippopotamus

delfin
dell-fin
dolphin

bálna
baalnah
whale

Vadállatok

pandamaci
pahndahmatzee
panda bear

zsiráf
zheeraaf
giraffe

teve
teveh
camel

tigris
teegreesh
tiger

medve
mehdveh
bear

pingvin
peenguin
penguin

krokodil
crocodeel
crocodile

cápa
tzaapah
shark

Seaside

tenger
tengher
sea

hullám
hoollaam
waves

strand
shtrahnd
beach

életmentő
ale-et-menteu
lifeguard

napozó krém
nahpauzoh-crame
sun lotion

kagyló
kahdjloh
shells

kavics
kahveech
pebble

hínár
heen-aar
seaweed

Tengerpart

kőmedence
keu-medentze
rock pool

rák
raak
crab

csillaghal
cheelagh-hahl
starfish

nyugágy
njoogaady
deckchair

homok
haumauk
sand

homokvár
haumauk-vaar
sandcastle

vödör
veudeur
bucket

ásó
aashow
spade

Playground

hinta
heentah
swing

körhinta
keur-heentah
roundabout

libikóka
leebeekohkah
seesaw

homokozó
haumaukauzoh
sandpit

alagút
ahlahgoot
tunnel

ba/be/bele
bah/beh/beleh
in

ki
kee
out

ugrál
ooghraal
skip

Játszótér

mászóka
maasaukah
climbing frame

fel
fel
up

csúszda
choosdah
slide

le
leh
down

át
aat
over

alá
ahlaa
under

előtt
el-eutt
in front

mögött
meugeut
behind

The Classroom

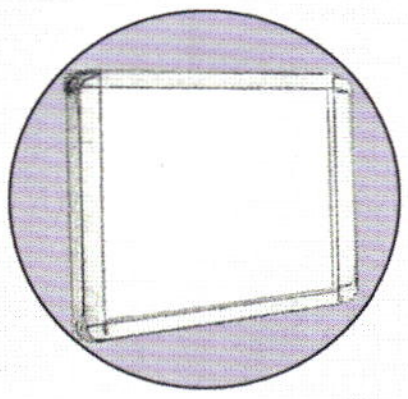

tábla
taablah
white board

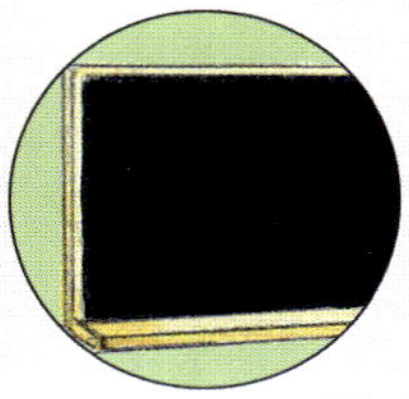

tábla
taablah
chalk board

pad
pahd
desk

szék
sake
chair

naptár
nahptaar
calendar

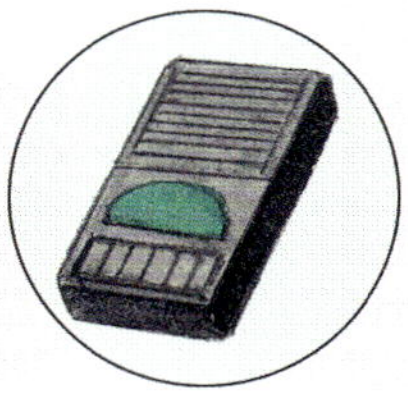

magnetofon
mahgnetofon
tape recorder

kazetta
kazehtt-ah
cassette tape

számológép
sumauloh-gape
calculator

Osztályterem

tanár
tahnaar
teacher

könyv
keunyv
books

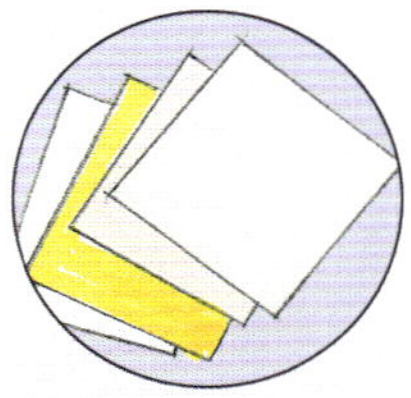

papír
popeer
paper

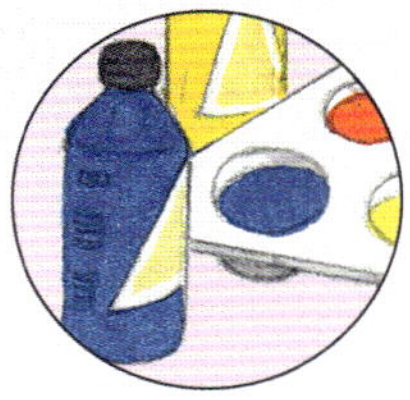

festék
fesh-take
paint

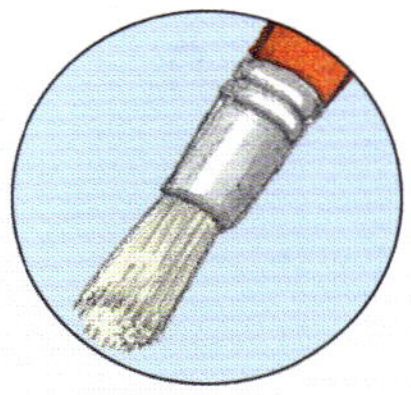

ecset
echet
paintbrush

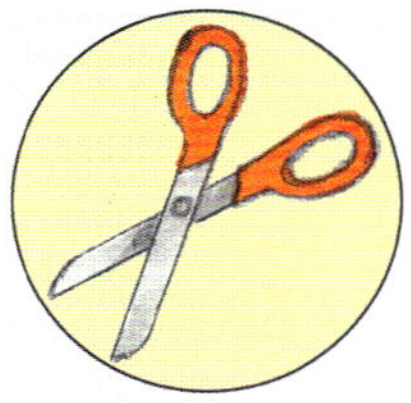

olló
aullau
scissors

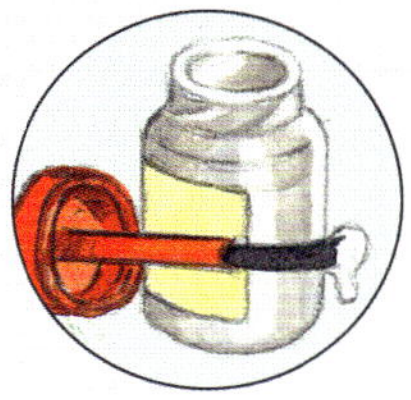

ragasztó
rahghastoh
glue

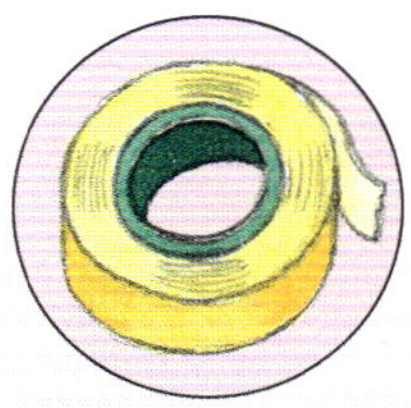

ragasztószalag
rahghastoh-salagh
sticky tape

School Bag

jegyzetfüzet
yedzet-fuuzet
writing book

matematika füzet
mahtemateekah fuuzet
maths book

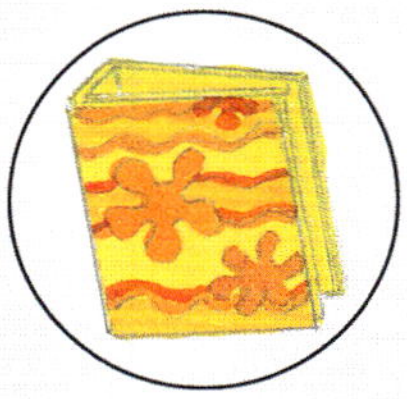

mappa
mahppah
folder

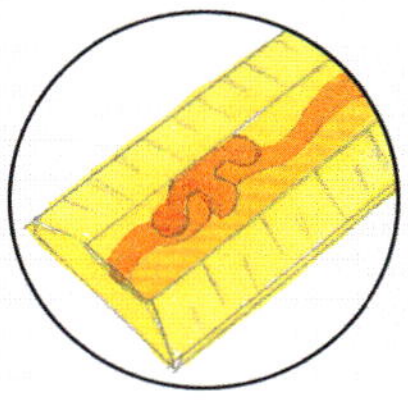

vonalzó
vaunahlzoh
ruler

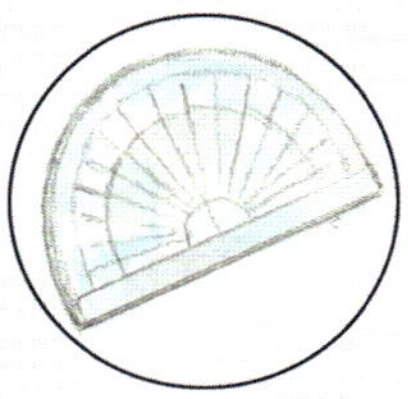

szögmérő
seug-maireu
protractor

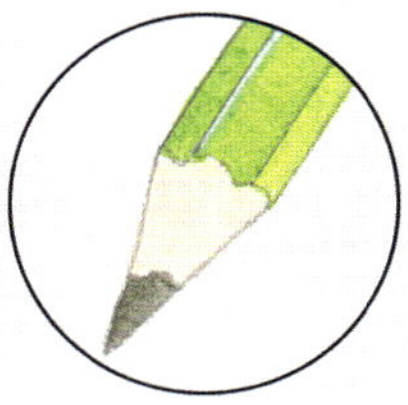

ceruza
tzeroozah
pencil

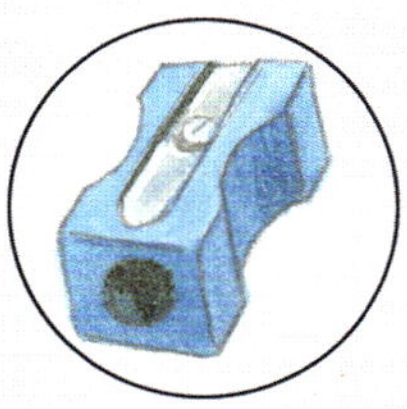

ceruzahegyező
tzeroozah hedyezeu
pencil sharpener

Iskolatáska

olvasókönyv
aolvashcw-keunyv
reading book

zsírkréta
djeer-krate-ah
crayon

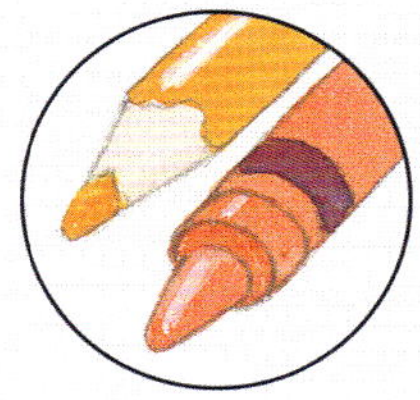

zsineg
zheeneg
string

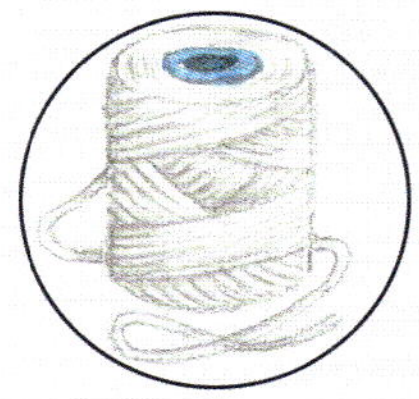

pénz
painz
money

rajzszög
rahyz-seug
compass

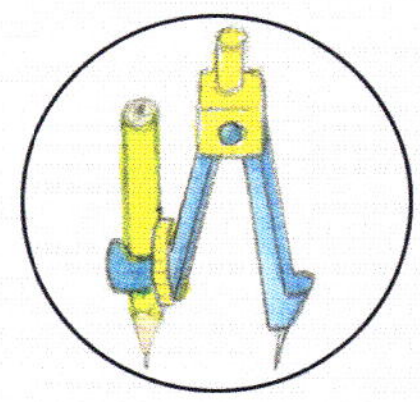

radír
rahdeer
rubber/eraser

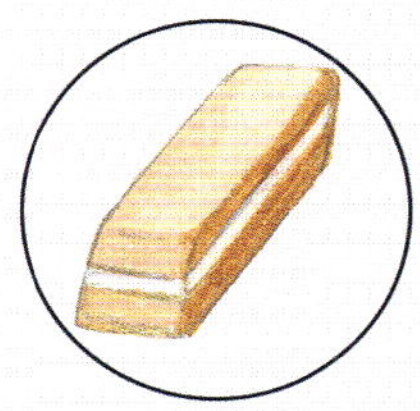

filctoll
feeltz-toll
felt tip pen

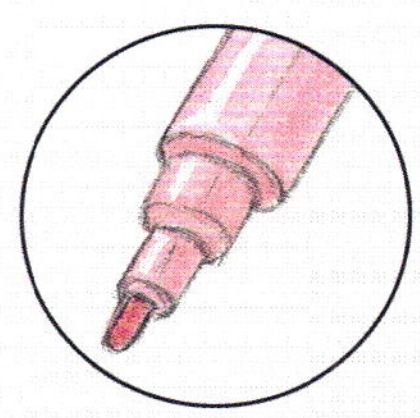

Computers

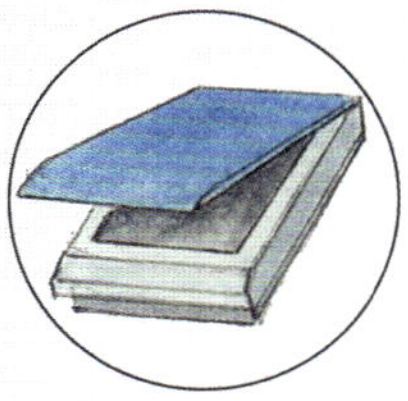

scanner
scannair
scanner

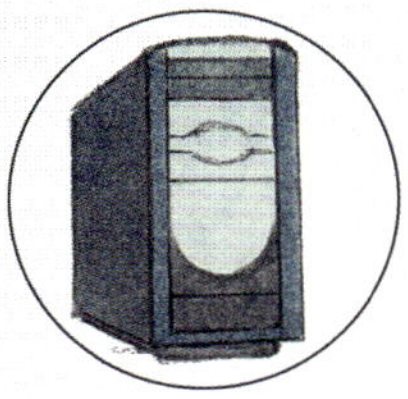

számítógép
sumeetoh-gape
computer

monitor
monitor
monitor

billentyűzet
beelantjuu-zet
keyboard

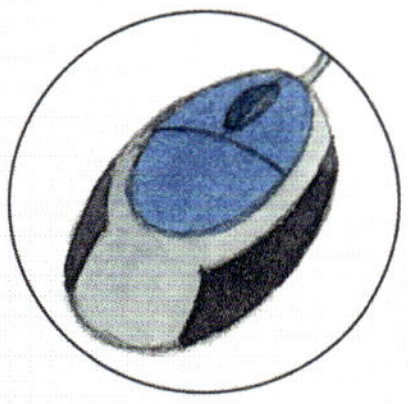

egér
egg-aire
mouse

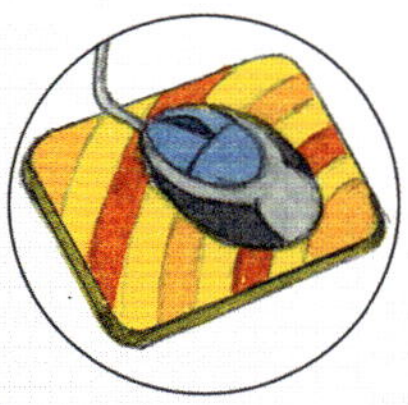

egér pad
eggair-pahd
mouse mat

Számítógépek

nyomtató
njomtahtoh
printer

képernyő
cape-air-njeu
screen

internet
internet
internet

email
email
email

cd lemez
tzaideylehmez
cd disc

mágneslemez
maagneshlehmez
floppy disc

Dressing Up

űrhajós
uurhahyosh
astronaut

rendőr
rend-eur
police person

állatorvos
aalahtaurvaush
vet

tűzoltó
tuuzoltoh
firefighter

művész
muuv-ace
artist

bolti eladó
baultee-el-adau
shop keeper

zsoké
jokaiy
jockey

cowboy
cauwboy
cowboy

főszakács
feu-sakaach
chef

Farsang

ápolónő
aapohlohneu
nurse

autószerelő
aootoh-sereleu
mechanic

vasutas
vashootash
train driver

balett táncos
bahlehtt-taantzosh
ballet dancer

pop sztár
pop star
pop star

bohóc
bauhautz
clown

kalóz
kahlauz
pirate

varázsló
vahraajloh
wizard

orvos
aurvaush
doctor

Toys and Games

léggömb
leigh-geumb
balloon

üveggyöngy
uuvegh-djeundj
beads

társasjáték
taarsash-jaatake
board game

baba
babah
doll

babaház
babah-haaz
doll's house

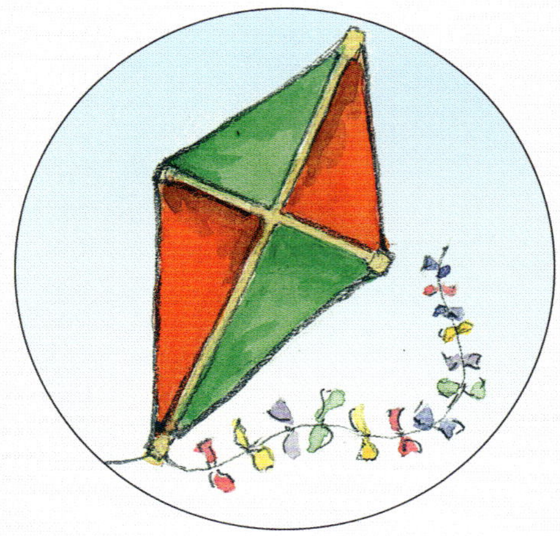

papírsárkány
popeer-shaarkaanj
kite

fejtörő
fey-teureu
puzzle

ugrókötél
ooghroh-keut-ale
skipping rope

búgócsiga
boogoh-cheegah
spinning top

Játékok

építőkocka
ape-eeteu-kotzkah
building blocks

sakk
shakk
chess

dobókocka
doboh-kotzkah
dice

golyó
ghoyoh
marbles

kártya
kaartjah
playing cards

báb
baab
puppet

játékmackó
yaa-take-matzkoh
teddy bear

játékvonat
yaa-take-vohnaht
train set

játékautó
yaa-take-aootoh
toy car

Sport

kosárlabda
kohsaar-lahbdah
basketball

labda
lahbdah
ball

krikett
cricket
cricket

tollaslabda
tollahshlahbdah
badminton

úszás
oosaash
swimming

görkorcsolya
geurcore-choyah
roller skates

teniszütő
tennis-uuteu
racquet

jégkorcsolya
yaigh-corechoyah
ice skates

Sport

tenisz
tennis
tennis

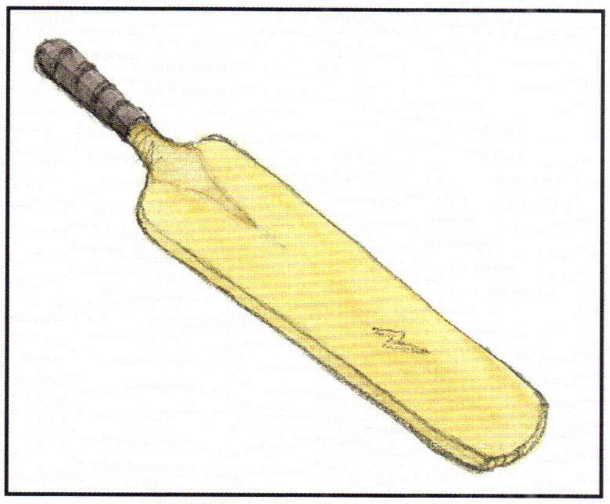

ütő
uuteu
bat

netball
netball
netball

futball
foot-bahl
football

kerékpár
care-ache-paar
cycling

rögbi
rugby
rugby

gördeszka
geurdesk-ah
skateboard

jéghoki
yaigh-hohkee
hockey

Music

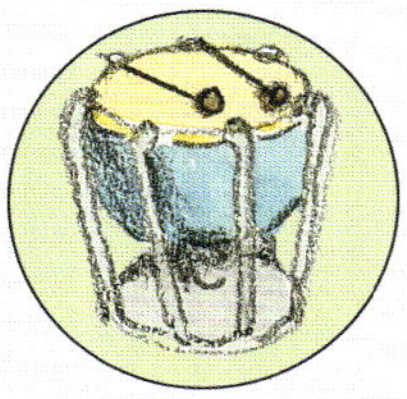

dob
daub
drum

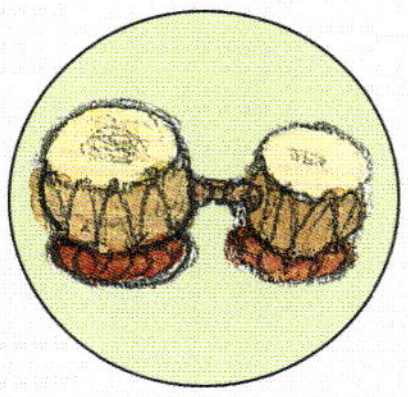

tabla
tabla
tabla

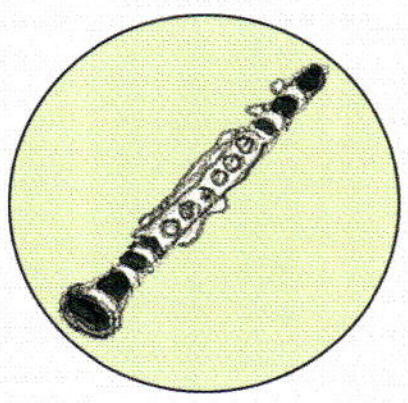

klarinét
klahreen-ate
clarinet

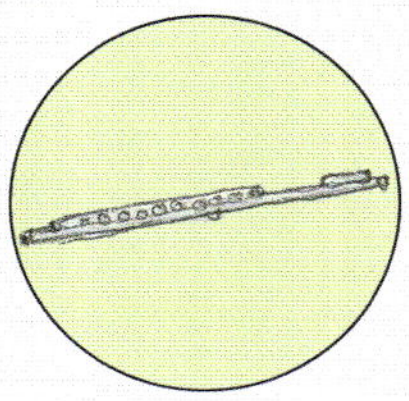

furulya
fooroo-yah
flute

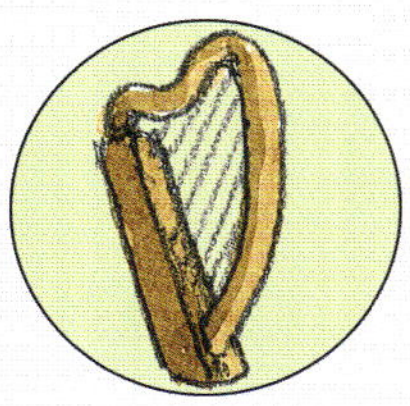

hárfa
haarfah
harp

billentyűzet
beellantjuu-zet
keyboard

gitár
geetahr
guitar

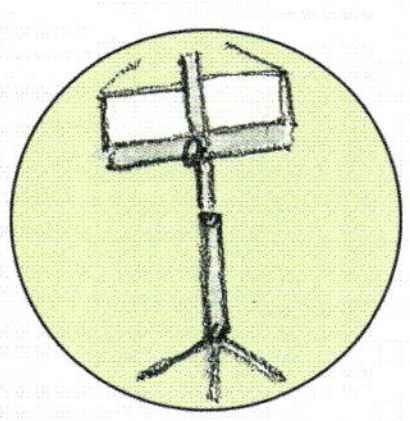

kotta álvány
cottah aalvaanj
music stand

Zene

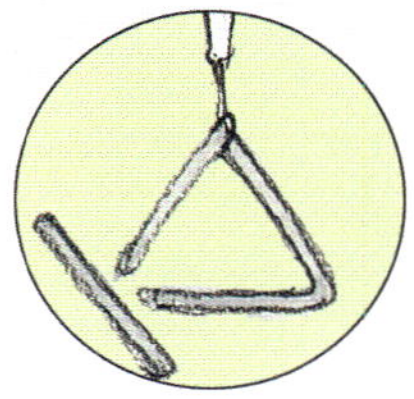

triangulum
treeanghooloom
musical triangle

trombita
traumbeetah
trumpet

maracas
maracas
maracas

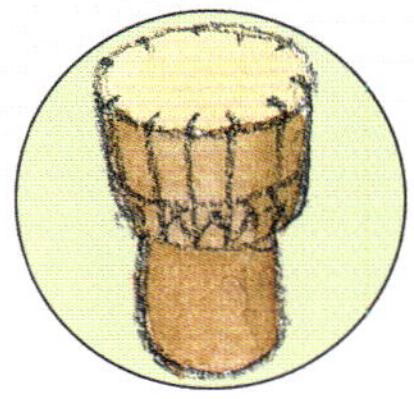

gan gan
gan gan
gan gan

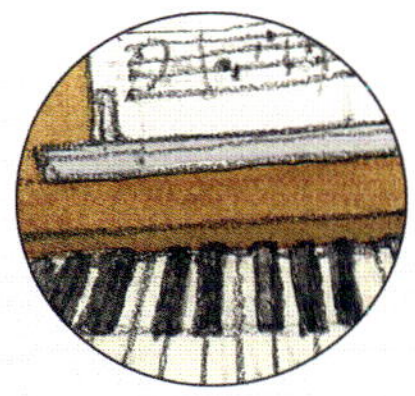

zongora
zohngohrah
piano

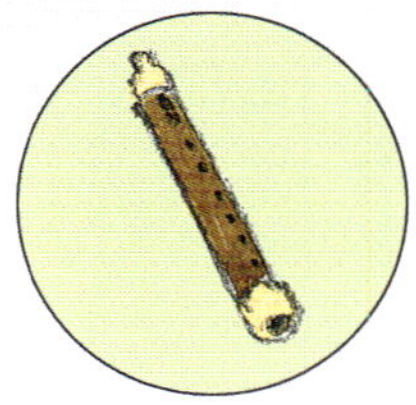

furulya
fooroo-yah
recorder

hegedű
hegheduu
violin

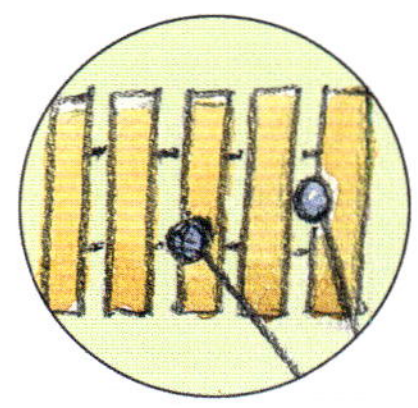

xylofon
xylophon
xylophone

Space

nap
nahp
sun

Merkúr
merkoor
Mercury

Vénusz
vainoos
Venus

Föld
feuld
Earth

hold
hold
moon

űrhajó
uurhahyoh
spaceship

hullócsillag
hooloh-cheelagh
shooting star

rakéta
rahkate-ah
rocket

Az űr

Mars
marsh
Mars

Jupiter
yoopeetair
Jupiter

Szaturnusz
saturnoos
Saturn

Uránusz
ooraanoos
Uranus

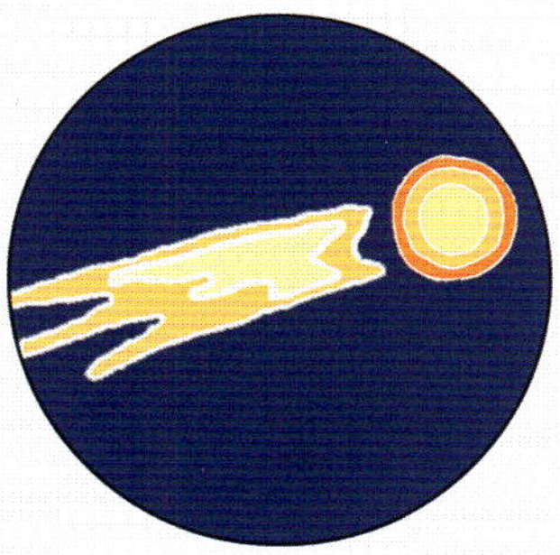

üstökös
uushteukeush
comet

csillagok
cheelahgokh
stars

Neptúnusz
nap-toonooos
Neptune

Plútó
plootoh
Pluto

Weather

napos
nahposh
sunny

szivárvány
seev-aarvaanj
rainbow

esős
ash-eush
rainy

mennydörgés
mehnj-deurgaish
thunder

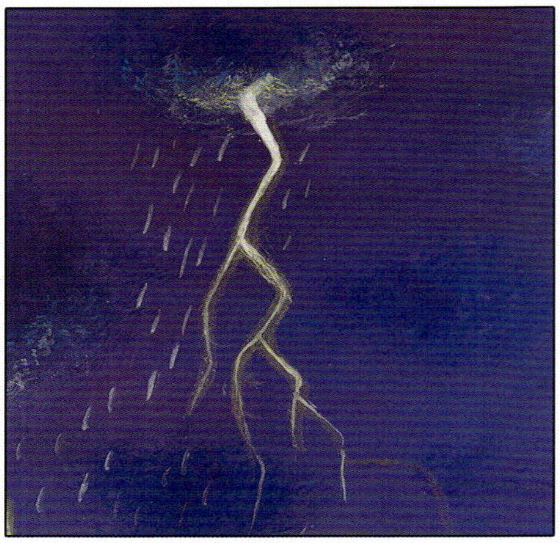

villámlás
veellaamlaash
lightning

viharos
veehaarosh
stormy

Az időjárás

szeles
selesh
windy

ködös
keudeush
foggy

havas
hahvahs
snowy

felhős
felheush
cloudy

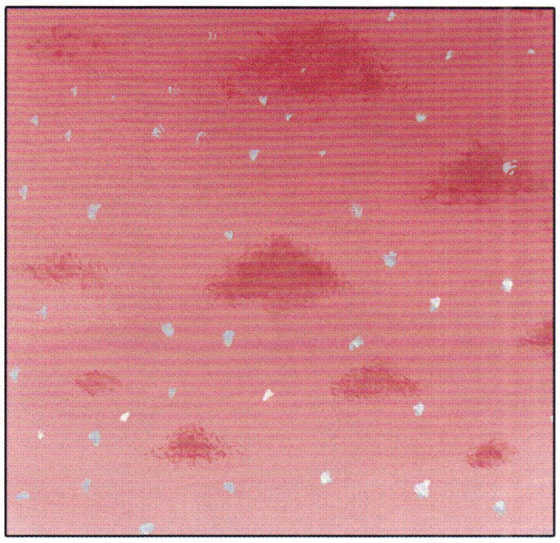

jégeső
yaigh-ahseu
hail

jeges
yeghesh
icy

Months of the Year

Az év hónapjai

Január
yahnooaar
January

Február
febrooaar
February

Március
maartzioosh
March

Április
aapreeleesh
April

Május
maayoosh
May

Június
yooneeoosh
June

Július
yooleeoosh
July

Augusztus
ah-oogoostoosh
August

Szeptember
septembair
September

Október
octobair
October

November
novembair
November

December
decembair
December

Seasons

Évszakok

Tavasz
tahvahs
Spring

Nyár
njaar
Summer

Ősz
eus
Autumn/Fall

Tél
tale
Winter

Monszun
monsoon
Monsoon

Days of the Week

A hét napjai

Hétfő
hate-feu
Monday

Kedd
cadd
Tuesday

Szerda
sairdah
Wednesday

Csütörtök
chuuteurteuk
Thursday

Péntek
pain-tech
Friday

Szombat
sombat
Saturday

Vasárnap
vash-are-nahp
Sunday

Telling the Time

Az időről

faliόra
fahlee ohrah
clock

nap
nahp
day

éjszaka
aiysakah
night

reggel
reghel
morning

este
ash-teh
evening

karóra
car-ohrah
watch

negyedórával múlt
nedjedohrahval moolt
quarter past

félórával múlt
failohrahval moolt
half past

negyedóra múlva lesz
nedjedohrah moolvah less
quarter to

Colours

Színek

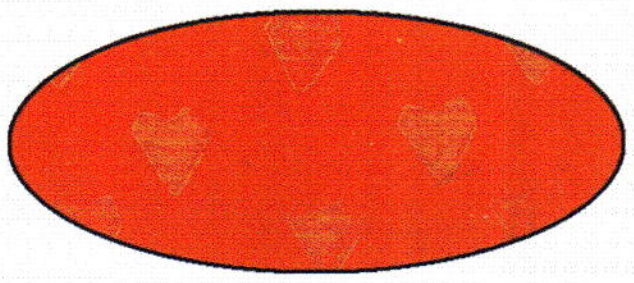

piros
peerosh
red

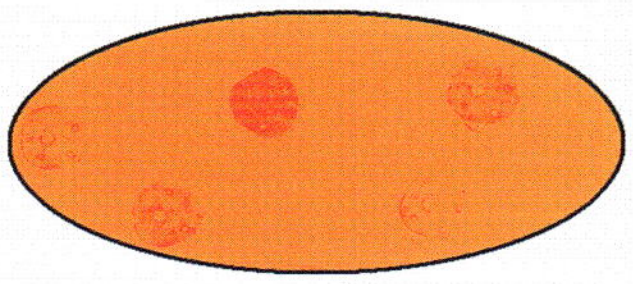

narancs
nahrahnch
orange

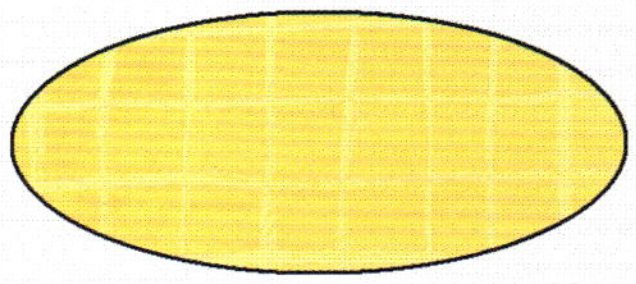

sárga
shaargah
yellow

zöld
zeuld
green

fekete
fehketeh
black

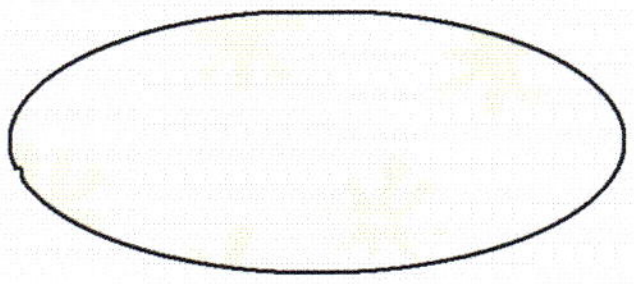

fehér
fe-hare
white

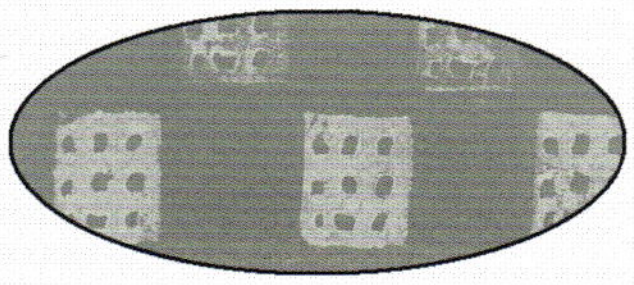

szürke
suurkeh
grey

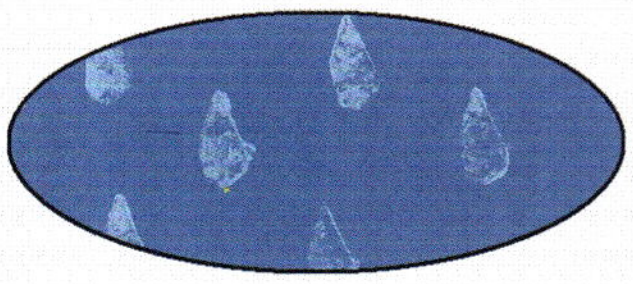

kék
cake
blue

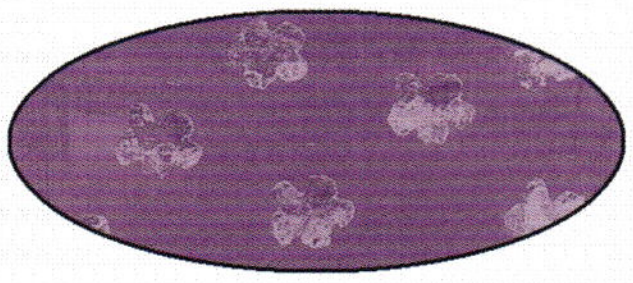

bíbor
beebohr
purple

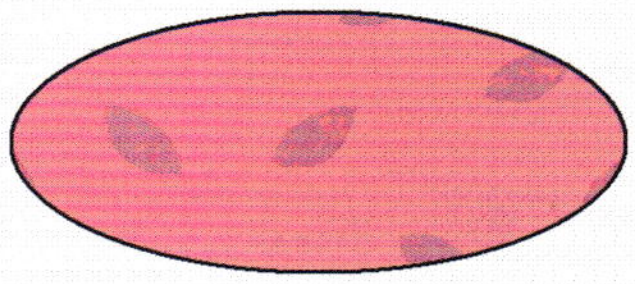

rózsaszín
rohjaseen
pink

barna
bahrnah
brown

Shapes

Formák

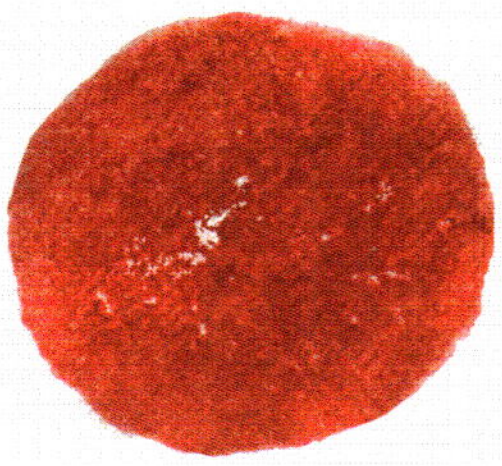

kör
keur
circle

csillag
cheelagh
star

háromszög
haaromseugh
triangle

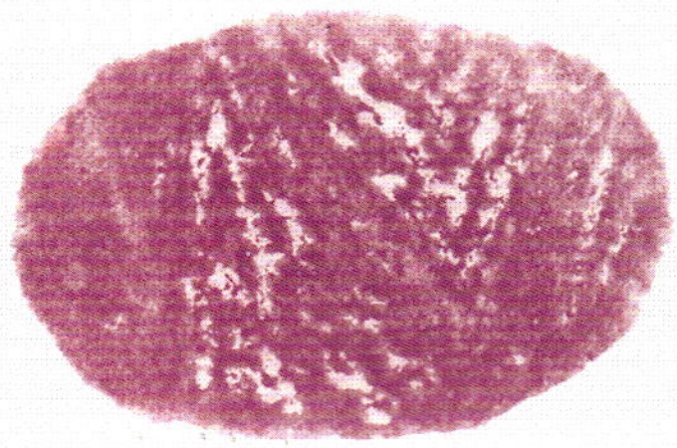

ovális
ovaaleesh
oval

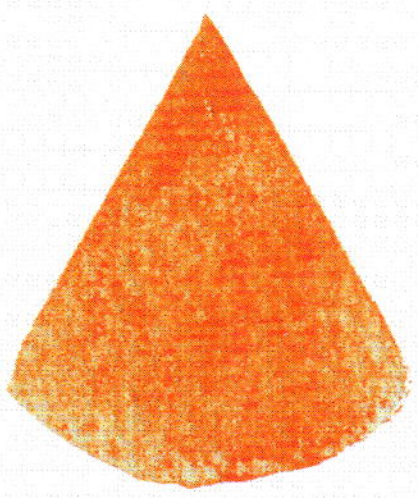

kúp
koop
cone

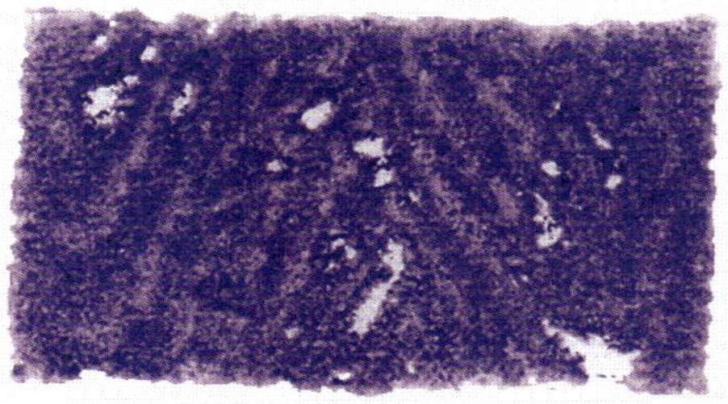

téglalap
taiglahlahp
rectangle

négyzet
naidj-zet
square

Numbers 1-20

Számok 1-20

1 **egy**
edj
one

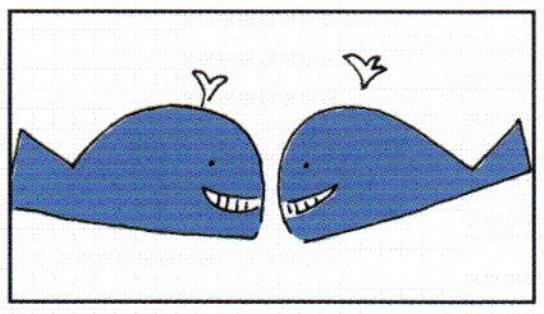

2 **kettő**
cat-teu
two

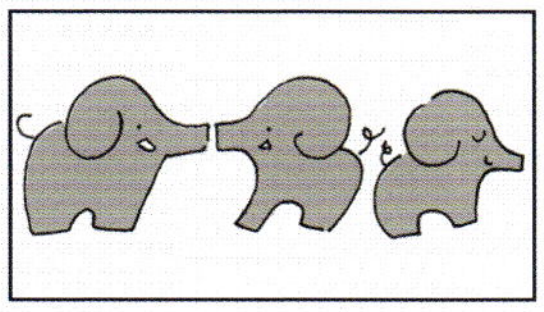

3 **három**
haa-rom
three

4 **négy**
naidj
four

5 **öt**
eut
five

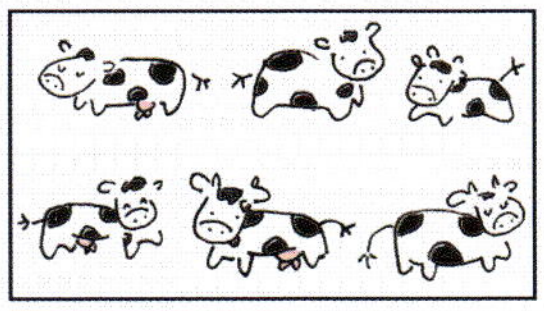

6 **hat**
haht
six

7 **hét**
hate
seven

8 **nyolc**
njoltz
eight

9 **kilenc**
keelentz
nine

10 **tíz**
teez
ten

11 **tizenegy**
teez-an-edj
eleven

12 **tizenkettő**
teez-an-catteu
twelve

13 **tizenhárom**
teez-an-haarom
thirteen

14 **tizennégy**
teez-an-naidj
fourteen

15 **tizenöt**
teez-an-eut
fifteen

16 **tizenhat**
teez-an-haht
sixteen

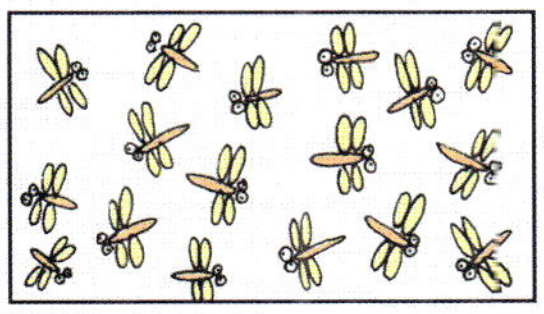

17 **tizenhét**
teez-an-hate
seventeen

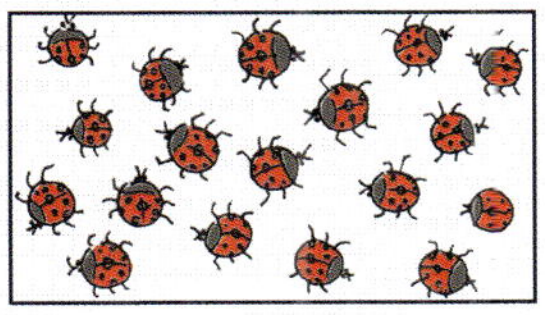

18 **tizennyolc**
teez-an-nioltz
eighteen

19 **tizenkilenc**
teez-an-keelentz
nineteen

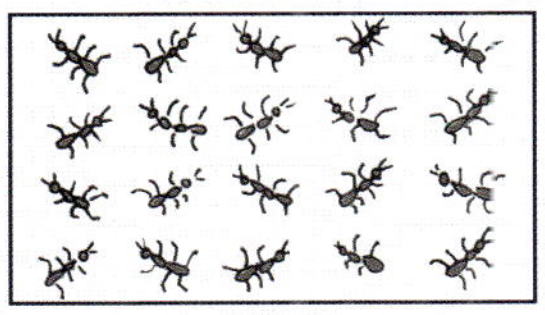

20 **húsz**
hoos
twenty

Opposites

gyors
djorsh
fast

lassú
lahshoo
slow

nyílt
njeelt
open

zárt
zaart
closed

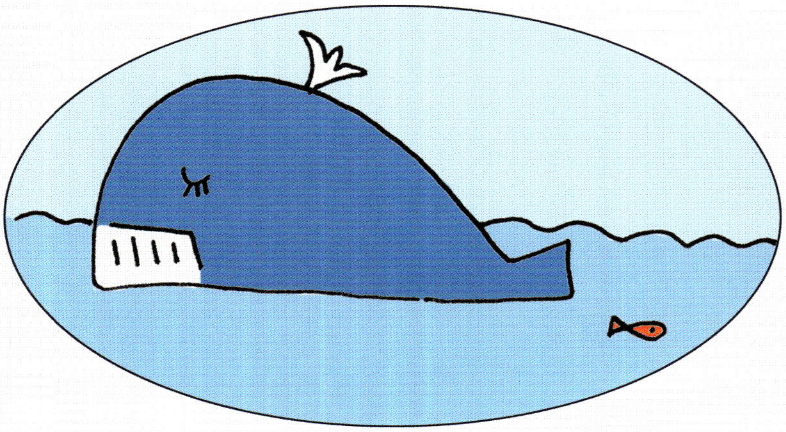

nagy
nagj
large

kicsi
keecheeh
small

nedves
nad-vash
wet

száraz
saarahz
dry

forró
forroh
hot

hideg
heedegh
cold

édes
aid-ash
sweet

savanyú
shah-vahnyuu
sour

Ellentétpárok

közel
keuzel
near

távol
taavol
far

bal
bahl
left

jobb
yobb
right

elöl
aileul
front

hátul
haatool
back

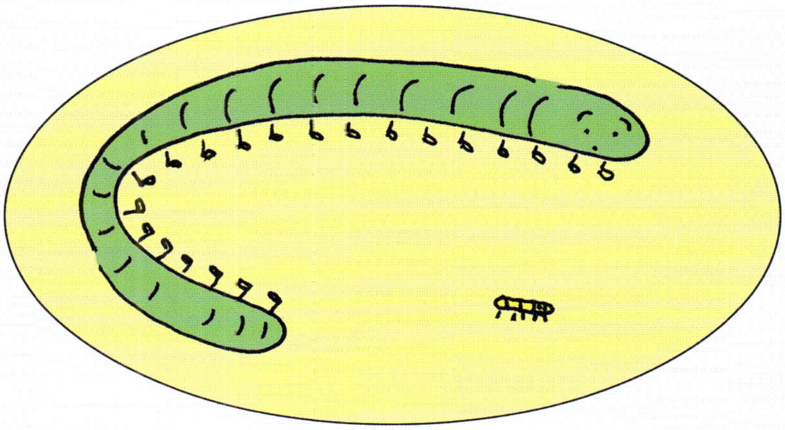

hosszú
haussoo
long

rövid
reuvid
short

nehéz
ne-haiz
heavy

könnyű
keunyuu
light

üres
uur-ash
empty

tele
teleh
full

Index

Search for a word by picture or by the English word

cow
dog
donkey
duck
fox
goat
goose
hen
horse
mouse
rabbit
sheep

Food & Drink
Page 16-17

biscuit
bread
butter
cake
cereal
cheese
chips
chocolate
crisps
egg
fish
fruit juice
honey
ice cream
jam
ketchup
meat
milk
mineral water
mustard
noodles
pepper
pizza
pudding
rice
salt
sandwich
soup
spaghetti
sugar
sweets
yoghurt

Fruit
Page 12-13

apple
banana
cherries
grapes
lemon
lychees
mango
melon
orange
papaya
peach
pear
pineapple
plum
pomegranate
strawberries

High Street
Page 22-23

bakery
bank
bookshop
butcher
chemist
coffee shop
fishmonger
flower shop
greengrocer
hairdressers
newspaper stand
post office
restaurant
toy shop

Home
Page 9

attic
bathroom
bedroom
dining room
door
hallway
kitchen
lounge
roof
staircase
wall
window

House & Contents
Page 10-11

bath
bed
bin
blanket
carpet
cooker
cupboard
curtains
fan
fridge
kettle
lamp
mirror
pillow
radiator
radio
shower
sink
sofa
table
tap
telephone
television
toaster
toilet
toilet roll
towel
washing machine

Meal Time
Page 18-19

bowl
chopsticks
cup
flask
fork
frying pan
glass
knife
lunchbox
mug
plate
saucepan
spoon
wok

Months of the Year
Page 54

January
February
March
April
May
June
July
August
September
October
November
December

Music
Page 48-49

clarinet
drum
flute
gan gan
guitar
harp
keyboard
maracas
musical triangle
music stand
piano
recorder
tabla
trumpet
violin
xylophone

Myself
Page 4-5

angry
ankle
arm
back
ears
elbow
excited
eyes
face
feet
fingers
hair
hand
happy
head
hungry
jealous
knee
leg
mouth
neck
nose
sad
scared
shoulders
shy
sick
stomach
teeth
thumb
tired
toes
waist
wrist

Numbers 1-20
Page 57

one
two
three
four
five
six
seven
eight
nine
ten
eleven
twelve
thirteen
fourteen
fifteen
sixteen
seventeen
eighteen
nineteen
twenty

Opposites
Page 58-59

back
closed
cold
dry
empty
far
fast
front
full
heavy
hot
large
left
light
long
near

open
right
short
slow
small
sour
sweet
wet

Playground
Page 34-35

behind
climbing frame
down
in
in front
out
over
roundabout

sandpit
seesaw
skip
slide
swing
tunnel
under
up

Road Safety
Page 24-25

children crossing
cycle helmet
go
green man
lights
listen
look
pavement

pedestrian crossing
red man
reflector
road
school crossing patrol officer
seat belt
stop
traffic light

School Bag
Page 38-39

compass
crayon
felt tip pen
folder
maths book
money
pencil
pencil sharpener

protractor
reading book
rubber/eraser
ruler
string
writing book

Seaside
Page 32-33

beach
bucket
crab
deckchair
lifeguard
pebbles
rock pool
sand
sandcastle
sea

seaweed
shells
spade
starfish
sun lotion
waves

Seasons
Page 54

Spring
Summer
Autumn/Fall
Winter
Monsoon

Shapes
Page 56

circle
cone
oval
rectangle
square
star
triangle

Space
Page 50-51

comet
Earth
Jupiter
Mars
Mercury
moon
Neptune
Pluto
rocket
Saturn
shooting star
Solar system
spaceship
stars
sun
Uranus
Venus

Sport
Page 46-47

badminton
ball
basketball
bat
cricket
cycling
football
hockey
ice skates
netball
racquet
roller skates

rugby
skateboard
swimming
tennis

Telling the Time
Page 55

clock
day
evening
half past
morning
night
quarter past
quarter to
watch

Town
Page 20-21

bus station
car park

cinema
fire station
garage
hospital
library
park
police station
school
shops/stores
sports centre
supermarket
train station

Toys and Games
Page 44-45

balloon
beads
board game
building blocks

chess
dice
doll
doll's house
kite
marbles
playing cards
puppet
puzzle
skipping rope
spinning top
teddy bear
train set
toy car

Transport
Page 26-27

aeroplane
bicycle

boat
bus
car
caravan
coach
helicopter
lorry/truck
motorbike
rickshaw
ship
train
tram

Vegetables
Page 14-15

beans
broccoli
carrot
cauliflower

cucumber
garlic
lettuce
mushroom
onion
peas
pepper/capsicum
potato
pumpkin/squash
radish
sweetcorn
tomato

Weather
Page 52-53

cloudy

foggy
hail
icy
lightning
rainbow
rainy
snowy
stormy
sunny
thunder
windy

Wild Animals
Page 30-31

bear
camel

crocodile
dolphin
elephant
giraffe
hippopotamus
lion
monkey
panda bear
penguin
shark
snake
tiger
whale
zebra